canim-verlag

Über die Autorin

Michelle Schrenk wurde 1983 in Nürnberg geboren. Schon von klein auf schrieb sie mit Begeisterung Geschichten. Beflügelt von allem Wundersamen, Geheimnisvollen und Fantasievollen widmete sie sich ihrer großen Leidenschaft: dem Schreiben.
Mit ihrem Roman »Unter halbblauem Himmel« sowie den drei Kinderbüchern »Das geheimnisvolle Nürnberg Buch«, »Das geheimnisvolle Nürnberg-Fürth Buch« und »Die Geheimnisse des Lebkuchenmondes« (alle erschienen im Canim-Verlag, Nürnberg) hat sie sich ihren Traum vom Schreiben erfüllt.

Besucht mich im Internet auf:
www.michelleschrenk.de

Oder trefft mich auf Facebook:
www.facebook.com/MichelleSchrenkAutorin

Michelle Schrenk

Die Suche nach dem verlorenen Stern

Ein traumhaftes Märchen

canim-verlag

Canim Verlag, Nürnberg
www.canim-verlag.de
ebooks.canim-verlag.de

2. Auflage, Oktober 2015
ISBN 978-3-942790-13-0

Lektorat & Redaktion: Susanne Jauss, www.jauss-lektorat.de
Covergestaltung: BUCHGEWAND | www.buch-gewand.de
Foto: night_cat/shutterstock

Für meinen Papa

und die Träumer in uns allen

»Damit das Mögliche entsteht,
muss immer wieder
das Unmögliche versucht werden.«

Hermann Hesse

Du bist ein Träumer ...

wenn du das, was du tust, mit Liebe machst,

wenn du es auch mal nicht zeigen kannst,

wenn du manchmal traurig bist,

wenn du sehnsüchtig etwas vermisst,

wenn du Herzen gewinnst,

wenn du niemals aufgibst,

wenn du gegen den Wind der Zeit fliegst,

wenn du dein Leben lebst!

Damals, in einer ach so fernen Zeit ...

Alles passierte irgendwo im Nirgendwo in einem kleinen Dorf mit Namen Schwarzweiß.

Es war ein merkwürdiger Tag, ein ungewöhnlicher Tag für die kleine Stadt. Denn die Sonne schob sich vor die Wolken, eine Katze bellte, und als sich ein Gewitter zusammenbraute, da grollte der Donner schon vor dem Blitz. Und dann, als es dunkel war und nichts als der Mond hell vom Himmel schien, lag da plötzlich einfach so ein kleines Baby auf der Straße. Unbemerkt, ohne dass man auch nur einen fremden Schatten gesehen hätte.

Neugierig, gelockt durch das Weinen des kleinen Kindes, versammelten sich die Menschen aus der Stadt, um es zu betrachten. Und schon als sie das Kind zum ersten Mal sahen, waren sie sich sicher, dass an diesem kleinen Jungen etwas Sonderbares war.

Wieso man das kleine Bündel Leben sonderbar fand? Nun, da war zum einen die Tatsache, dass es einfach so aus dem Nichts aufgetaucht war. Zum anderen war in Schwarzweiß alles grau, Farben vermochte man nicht zu sehen. Doch der kleine Junge, warum auch immer, hatte unglaublich himmelblaue Augen. Noch nie hatten die Menschen in Schwarzweiß solch eine sonderbare Augenfarbe gesehen.

Ob die Geschichte wahr ist? Sicher ist, dass man sich die Geschichte noch heute in Schwarzweiß erzählt.

Wie es mit dem Jungen weiterging?

Herr und Frau Grau waren es schließlich, die mit der Aufgabe betraut wurden, sich des Jungen anzunehmen. Waren sie doch besonders stolz darauf, ganz und gar normal zu sein. Und jeder in der Stadt war sich sicher, wenn so ein merkwürdiges Kind irgendwo gut aufgehoben war, dann bei Herrn und Frau Grau.

Viele Jahre später …

Die ersten warmen Sonnenstrahlen brachen an diesem Tag durch die Wolken, und der Himmel klärte langsam auf. Viele Jahre waren schon vergangen, seit der kleine Junge irgendwo im Nirgendwo von Schwarzweiß aufgetaucht war und Herr und Frau Grau sich ihm angenommen hatten.

Kaum etwas hatte sich seither in der Stadt verändert, alles war wie immer: grau in grau. Doch der kleine Junge mit den unglaublich blauen Augen war noch immer da. Und er war noch immer anders.

Auch am heutigen Morgen war er früh auf den Beinen und betrachtete voller Freude, wie die Sonnenstrahlen anfingen, langsam die Wiesen zu berühren, die Baumkronen leuchten ließen und sich über die grauen Hausdächer legten.

Anschließend spazierte er durch den Ort, blieb immer wieder stehen, um Blumen zu betrachten, die Gebäude oder die Menschen, die an ihm vorbeihetzten.

Er liebte es, die Umgebung zu erkunden, mehr als alles andere. Denn jeder Tag war spannend und aufregend und hielt so viel Neues für ihn bereit. Er war erstaunt über all die Schönheit, die auf ihn wartete. Sie lag offen und weit vor ihm, wie eine Schale mit den leckersten, buntesten Süßigkeiten.

Träumer nannten die Menschen in Schwarzweiß ihn. Träumer, weil er immer vor sich hinging, weil er alles erkunden wollte – was keiner verstehen konnte, war doch alles grau in grau. Träumer, weil er überzeugt war, dass es im Leben mehr gab, als immer nur das Gleiche zu tun. Träumer, weil er so merkwürdige Fragen stellte. Und dafür hatten die Menschen kein Verständnis. Sie konnten nicht verstehen, wonach der Träumer strebte, und sie hatten absolut keine Lust auf seine ständigen »Fragereien« und »Spinnereien«, wie sie seinen Ideenreichtum nannten, sie schüttelten nur verzweifelt den Kopf. Um es genau zu sagen, sie hielten den Träumer für äußerst merkwürdig.

Denn in Schwarzweiß, da hatte sich wie gesagt nichts verändert, alles war wie immer, und so sollte es auch gefälligst bleiben. Nur keine Experimente. Nein, Experimente waren gar nicht gerne gesehen in dem kleinen Örtchen.

Dafür war man zu ernst.

Und dass der Träumer so ungewöhnlich aus der Reihe tanzte, nicht nur wegen seiner merkwürdigen Augen, sondern auch mit seiner ständigen Fragerei über die Welt, das passte den Menschen ganz und gar nicht. Nein, man befürchtete, dass er am Ende alle noch anstecken könnte mit diesem ganzen Unsinn.

Die Leute sagten: »Der immer mit seiner Träumerei und Spinnerei, Fragerei und Grübelei. Muss er immer alles hinterfragen und überlegen? Es wird nichts anderes für ihn geben, grau in grau, so ist das Leben eben.«

Auch Herr und Frau Grau, die ihn aufgenommen hatten, waren nach all den Jahren, die vergangen waren, ganz und gar nicht begeistert von den ständigen Fragen des Träumers.

Herr Grau wollte genauso wenig von all dem komischen Zeugs wissen wie seine Frau. »Was tust du da jeden Tag, Träumer?", fragte er. »Warum läufst du durch die Stadt, als sähest du an jeder Ecke etwas Besonderes? Was willst du damit beweisen?«

»Ich möchte damit doch nichts beweisen. Ich möchte einfach alles sehen, bewundern und erkunden.«

»Himmel, Träumer, warum fängst du nicht endlich an, etwas Sinnvolles zu tun, anstatt deine Zeit mit so etwas zu verschwenden?«

Der Träumer konnte nicht verstehen, was Herr Grau damit meinte, und so fragte er ihn: »Hast du denn nicht auch so viele Wünsche wie ich? Was willst du von ganzem Herzen selbst einmal erleben? Gibt es etwas, das dir besonderen Spaß macht? Ich möchte wissen, wie der Ausblick von den höchsten Bergen ist. Möchte erfahren, was hinter der Sonne liegt und wie weit der Himmel entfernt ist, was sich hinter den Grenzen der Stadt verbirgt. Es gibt doch so viele Menschen, die Tag für Tag immer wieder das Gleiche machen, die keine Zeit mehr haben, um zu leben. Was kann schöner sein, als Träume zu haben, egal wie sie aussehen.«

Herr Grau verstand nicht, was der Träumer wollte. Er fühlte sich nur gestört von seiner ständigen Fragerei. Und wie die anderen Leute im Dorf antwortete er nur: »Du immer mit deiner Träumerei und Spinnerei, Fragerei und Grübelei. Musst du immer alles hinterfragen und überlegen? Es wird nichts anderes für dich geben, grau in grau, so ist das Leben eben.«

Ebenso verhielt es sich mit Frau Grau, die für diese merkwürdigen Fragen sowieso keine Zeit hatte. Sie war nämlich immer höchst beschäftigt und vor allem voller Traurigkeit. Alles, was sie den lieben langen Tag tat, war, über ihr eigenes Unglück zu klagen, das ihr widerfahren war. Vor allem darüber, wie viel noch zu erledigen war und wie wenig Zeit sie doch hatte, darüber, wie schnell die Zeit verging, und darüber, dass alles im Leben so schwer war. Immer wollte sie all das, was sie nicht hatte. Hatte sie einen Schal, wollte sie eine warme Mütze. Regnete es, war es zu nass. Schien die

Sonne, war es zu heiß. Sie war ständig und mit allem unzufrieden.

Wieso konnte sie sich nie über etwas freuen? Es gab so viel Schönes: den Geruch von Regen, die bunten Blumen im Frühling, den Duft der Blüten, den Wind, der so viele Geschichten zu erzählen hatte, und eben tausend Dinge mehr.

»Warum nimmst du dir nicht die Zeit? Weswegen bist du immer so traurig?«, wollte der Träumer wissen.

Doch sie gab ihm keine Antwort. Womöglich hatte sie dafür auch keine Zeit.

Nun, so schwer es auch war, sosehr es ihn auch schmerzte, auf so viel Ablehnung zu stoßen, irgendwann, das wusste er, würde er seine Siebensachen packen und losziehen. Er würde alles erkunden, und dann würde er auch die Antworten auf seine vielen Fragen bekommen.

Den höchsten Berg der Erde wollte er besteigen. Er wollte wissen, wie die Luft dort oben am Gipfel roch und schmeckte. Er wollte laut singen und tanzen, so wie es ihm gefiel. Jedes Land wollte er bereisen, jeden Kontinent sehen – Australien, Amerika, Asien. Er wollte alles entdecken, mit den Menschen reden, egal ob schwarz, rot, gelb oder weiß. Er wollte lernen und erfahren, was ihm am besten lag und was er am besten konnte, seine Begabungen erkunden und diese nutzen.

Er war bereit. In seinem Inneren platzte er beinahe vor Ideen und vielen Wünschen.

Doch die Tage und Wochen vergingen, und je mehr die Zeit verstrich, umso mehr stimmte ihn die Ablehnung der anderen Menschen nachdenklich. War es wirklich richtig, was er dachte, oder waren all seine Wünsche und Träume, die er sich ausmalte, doch etwas weit hergeholt? Womöglich waren sie wirklich Unsinn? Er begann an sich zu zweifeln, je mehr er sich selbst hinterfragte.

War er der Einzige in der Stadt und auf dieser Welt, der den Wunsch und den Traum hatte, etwas zu erleben, der die Welt in so vielen bunten Farben wahrnehmen konnte? War es falsch, nicht tagtäglich und immer wieder denselben Trott erleben zu wollen?

Was war falsch an seinen Gedanken?

Träumten die anderen denn nie? Hatten sie sich nie gewünscht, selbst etwas Großartiges zu schaffen? Wollten sie nie herausfinden, welche Talente sie hatten – Musik, Zeichnen, Singen, Schreiben? Es gab doch unzählige bunte Talente.

War er vielleicht wirklich sonderbar? Warum wurde die Welt, die in seinen Augen so wunderschön war, so voller Wärme, von allen anderen ganz anders wahrgenommen?

Wenn er alleine war, träumte er sich weiterhin fort – in seinem Traumbuch, einem leuchtenden, bunten Buch, das ihn fröhlich machte. Dort malte er sich einen Ort aus, einen Platz, an dem die Fröhlichkeit und nicht die Traurigkeit regierte. Einen Ort, an dem alle seine Wünsche Wirklichkeit werden sollten.

Dort hinein schrieb er seine Geschichten und Ideen. Alle seine Träume und Fantasien wurden in seinem Buch lebendig. Hier würden sie überleben für alle Zeiten, das fühlte er. Die Zeit würde kommen, da er es wagte und seinen Träumen folgte. Er würde den Mut spüren und voller Hoffnung in sein eigenes Leben voller Abenteuer und Entdeckungen aufbrechen.

Auch wenn sich immer mehr die Angst in ihm ausbreitete, dies alles niemals erleben zu können. Denn die Kälte, die ihn mehr und mehr umgab und die er nicht verstand, begann ganz langsam, ihn sehr traurig zu machen.

Als er eines Abends durch Schwarzweiß lief, hörte er wieder einmal das Getuschel der Leute hinter seinem Rücken. Das hatte er bisher immer zu verdrängen versucht. Doch heute war es lauter als sonst, und es verfolgte ihn bis nach Hause.

Zurück in seinem Zimmer fühlte sich der Träumer nun einsamer denn je und zog sich immer mehr in seine eigene kleine Welt zurück. Nur der leuchtende Stern am Himmel, jener Stern, den er Nacht für Nacht beobachtete, gab ihm irgendwie Hoffnung.

Und so schrieb er auch diese Nacht im Schein des gleißenden Lichtes weiter an seinem Traumbuch.

Er war dabei weit weg in seiner eigenen Welt, um all seine Gedanken des Tages einzufangen, als ihn ein seltsames Geräusch aus seinen Träumen riss und Herr Grau plötzlich im Zimmer stand.

»Was machst du da? Schreibst du schon wieder in diesem merkwürdig leuchtenden Dingsda-Buch?«

Schon oft hatte der Träumer Herrn Grau wütend erlebt, doch heute, so fühlte er es, war er noch zorniger als sonst. Sein Kopf war hochrot, und eine dicke Ader trat an der Stirn hervor.

»Ich sag dir jetzt mal was, Junge. Ich habe es wirklich satt, dass in der Stadt alle über dich reden und auf dich zeigen. Ich habe es satt, dass du ständig aus der Reihe tanzen musst. Es wird Zeit, dass du anfängst, etwas Vernünftiges zu tun.« Voller Wut spuckte er die Worte in den Raum. »Hier und jetzt ist ein für alle Mal Schluss damit!«

Wütend zerrte er dem Träumer das Buch aus der Hand. Dieser traute sich nicht, sich zu bewegen, so voller Angst war er in diesem Moment. Voller Trauer musste er mit ansehen, wie sein geliebtes buntes Traumbuch von Herrn Grau in viele kleine Einzelteile zerrissen wurde. In winzigen Fetzen segelte alles, was ihm bisher in seinem Leben so wichtig gewesen war, vor ihm auf den Boden und blieb dort völlig grau und farblos liegen.

»Ich will dieses Ding hier nicht mehr sehen«, raunte Herr Grau, als er fertig war. Zufrieden blickte er auf sein Werk und hob den Zeigefinger. »Nie mehr!«, mahnte er, dann verließ er den Raum.

Da lagen sie nun, seine Ideen, Gedanken und Geschichten aus den vergangenen Jahren. Alles, was er gesammelt hatte, was ihn so glücklich gemacht hatte. Sein Herz tat ihm so weh, und er spürte einen unheimlichen Schmerz.

Es war nicht diese Art von Schmerz, den man spürte, wenn man zum Beispiel hinfiel und sich ein Bein oder den Arm verletzte, es war kein körperlicher Schmerz. Dieser Schmerz saß tief in seinem Herzen und hatte ein kleines Loch hineingefressen. Enttäuschungen aufgefüllt mit einer tiefen, unverständlichen Leere und einer so unendlich großen Traurigkeit, dass er es kaum zu ertragen vermochte. Keine Träne konnte dieses Loch in seinem Herzen füllen.

Er verstand nicht, was er falsch gemacht hatte, und fühlte sich genauso zerrissen wie all seine Gedanken und Ideen, die nun grau und regungslos um ihn herum verteilt auf dem Boden lagen. Der Glaube an sich selbst und seine Lebensträume war erstickt. Dieser Moment erschien ihm unendlich hoffnungslos. Sein Traumbuch war zerrissen, er hatte es nicht beschützen können.

Es war schließlich sein innerer Wille, der ihm befahl, wieder aufzustehen. Schnell wischte er sich die Tränen aus dem Gesicht und versuchte eifrig, die Einzelteile seines Traumbuches zu retten, jede einzelne Seite. So verbrachte er den Rest der Nacht. Nach vielen Stunden lag es wieder vor ihm, zusammengeflickt, zerbrechlich mit vielen Narben, und doch funkelte es wieder schwach.

Aber manche Wunden sitzen tief, und so fasste er einen Entschluss – und für diese Entscheidung gab es kein Zurück.

Er trat ans Fenster und blickte hinauf in den Himmel, beobachtete die Sterne, suchte diesen einen Stern, der ihm immer so voller Hoffnung entgegengeleuchtet hatte. Doch jetzt konnte er keinen Stern sehen, nichts als graue Dunkelheit umgab ihn. Sein Stern war verloren, und als er so dastand, vor dem Scherbenhaufen seiner Gefühle, wusste er, dass er aus dieser Traurigkeit so schnell nicht wieder herausfinden würde. Um nicht weiter anzuecken, gab es nur diese eine Lösung: Von jetzt an würde er versuchen, mit dem Strom zu laufen, wie eine graue Maus. Mit seinen Träumen war es ein für alle Mal vorbei.

Der Himmel war wunderbar, nachtblau und klar, man konnte sich in ihm verlieren. Versunken in seinen Gedanken und in die Schönheit der Nacht blickte der Träumer auch Tage später zu ihm hinauf. Die Sterne, die er sonst immer gesehen hatte, waren noch immer verschwunden. Sein Stern war verschwunden, und das stimmte den Träumer traurig.

Was war in all den Tagen passiert?

So vieles. So voller Hoffnung war er gewesen. Doch jetzt war alles anders.

Und als er so dasaß, versunken in den Augenblick, hörte er plötzlich eine Stimme. Leicht und zaghaft, er konnte sie kaum verstehen. Er lauschte ganz angestrengt.

Und ja, da war etwas, da waren eindeutig Worte, die ihm etwas zuflüsterten. Eine vertraute Stimme.

Manchmal muss man seinen Weg gehen ...

Er schaute sich um. Doch da war niemand.

Merkwürdig. Langsam begann er sich zu fürchten. Er blickte zurück in den Himmel, und da waren sie wieder, die Sterne.

Und mitten unter ihnen war mit einem Mal wieder dieser außergewöhnliche Stern. Er war einfach da und strahlte noch heller und geheimnisvoller als jemals zuvor. Noch nie hatte er einen Stern gesehen, der um sich herum einen so klaren Schweif zog. Ehrlich gesagt hatte er auch noch nie bewusst etwas so Schönes am Nachthimmel wahrgenommen. Er hatte das Gefühl, dass der Stern in diesem Augenblick nur für ihn allein leuchtete, und dabei spürte er eine wohlige Wärme in seinem Herzen, warm wie die Sonne an einem Sommertag.

Den Stern immer vor Augen, glücklich, dass er wieder da war, dachte er über die Worte nach, die er gerade gehört hatte.

Manchmal muss man seinen Weg gehen …

Er dachte über seinen Entschluss nach, versuchte, sich innerlich gut zuzureden. Viel hatte er in den letzten Tagen über sein Leben nachgedacht. Er würde schon das Richtige tun. Das war es doch schließlich, worauf es ankam, oder? Immer das Richtige tun, nicht auffallen.

Ja, nur so würde es weitergehen. Es blieb ihm doch keine andere Möglichkeit, sagte er sich wieder und wieder und versuchte, sich in seinem Tun zu bestärken.

Obwohl er sich so danach sehnte, konnte er an diesem Ort kein Verständnis finden. Und wer weiß, vielleicht hatten sie ja Recht?

Lange Zeit blieb er noch am Fenster stehen und beobachtete den wunderschönen, leuchtenden Stern. Er gab ihm Geborgenheit, und die Zeit verlor sich völlig. In der Hand hielt er sein Traumbuch – noch ein letztes Mal, dachte er sich, ein letztes Mal wollte er es sich ansehen, und dabei liefen ihm die Tränen über die Wangen.

Der Stern war sein Zeuge in dieser Nacht. Noch einmal blickte der Träumer zu ihm hinauf.

Doch dann hörte er abermals die Stimme, klarer als vorher:

Die Reise beginnt lange vor dem Aufbruch ...

Und dann passierte es. Ein merkwürdiges Gefühl breitete sich in seiner Magengegend aus. Stimmte womöglich etwas mit seinen Augen nicht? Fest kniff er sie zusammen und blickte dann wieder in den Himmel. Was er da sah, konnte doch nicht echt sein?

Doch es war echt. Der glitzernde Stern schien immer schneller auf ihn zuzukommen. Verdutzt rieb er sich die Augen, immer und immer wieder. Doch jedes Mal, wenn er wieder aufblickte, war der Stern noch einmal ein Stück näher gekommen.

Was passierte hier? Wie konnte das sein? Träumte er?

Immer schneller und schneller bewegte sich das funkelnde Ding auf ihn zu, drehte sich um die eigene Achse, schnell und immer schneller. Und dann war er da.

Konnten Sterne vom Himmel fallen?

Mitten im Raum lag das leuchtende Etwas, und alles darum herum war erfüllt von glänzendem Licht. Das ganze Zimmer erstrahlte in goldenem Schein, und der Träumer stand wie angewurzelt da. Er konnte noch immer nicht glauben, was er gerade gesehen hatte.

Und dann begann der Stern auch noch zu sprechen. Es war eine klare Stimme, die sich räusperte. »Hallo Träumer, du fragst dich bestimmt, wer ich bin.«

Ja, das war die Stimme, die er die ganze Zeit gehört hatte.

»Wer bist du?«

»Hab keine Angst, ich bin die *Hoffnung,* ich bin dein verlorener Stern, und ich beobachte dich schon seit sehr, sehr langer Zeit.«

Aus dem hellen Lichtschein trat eine Katze hervor. Sie stand inmitten des Zimmers und bewegte sich samtgleich auf den Träumer zu. Ihr Fell war hell und weiß und wuschelig wie ein flauschiger Teppich, und ihre strahlend grünen Augen blickten ihn freundlich an.

Der Träumer rieb sich die Augen und schloss sie für einen Moment. »Das kann nicht wahr sein«, murmelte er. »Eine Katze?« Träumte er vielleicht doch? Er war sich nicht mehr so sicher.

Dann spürte er, wie sich der weiche Kopf an ihn heranschmiegte.

»Ich bin real, Träumer. Du kannst deine Augen ruhig wieder öffnen«, sagte die Katze lächelnd. Alles war so unwirklich. Doch sie sprach weiter. Ihre sanfte Stimme durchflutete den Raum. »Ich bin mir sicher, du weißt genau, warum ich gekommen bin. Es wurde höchste Zeit, dass ich hier bei dir auftauche.«

Endlich gelang es dem Träumer, sich zu fangen und all seinen Mut zusammenzunehmen. »Du bist wirklich die *Hoffnung*? Du, eine Katze?«, fragte er ungläubig.

»Ja, Träumer, ich bin die *Hoffnung*. Jetzt stehe ich in Form einer Katze vor dir, aber ich kann viele Formen annehmen. Die *Hoffnung* ist überall, wenn man daran glaubt.«

Im nächsten Moment gab es einen kleinen Knall, und anstelle der Katze stand plötzlich eine winzige Frau mit hellen Flügeln vor ihm. Sie war keine Fee, wie man sie aus Märchen kennt. Vielmehr sah sie aus wie eine liebevolle ältere Dame mit kurzen, lockigen grauen Haaren und einer dreieckigen, bunten Brille auf der Nase. Ihr Gesichtsausdruck war so freundlich und herzlich, dass man sich ihr gleich vertraut fühlte.

»Siehst du«, sagte sie, und dabei lugte sie ganz ernst durch ihre Brillengläser, »ich bin deine *Hoffnung*, dein Stern und dein Hoffnungsschimmer. Auch wenn sich Dunkelheit über dein Herz legt, bin ich immer in deiner Nähe. Ich kann beinahe unsichtbar sein oder samtgleich wie eine Katze, flink wie ein Wiesel, klein wie eine Maus, leise wie ein Schmetterling oder hell wie ein Stern. Du musst nur nach mir greifen, an mich glauben, dann spürst du mich. Ich bin in deiner Nähe. Genau wie jeder andere Mensch auf dieser Erde hast auch du einen Hoffnungsstern. Deshalb ist der Himmel so voller heller Sterne. Wann immer du traurig warst, war ich bei dir. Du warst nie alleine, auch wenn du dich ab und zu so gefühlt hast.« Sie zwinkerte ihm zu.

»Warum bist du denn gerade jetzt zu mir gekommen?«, fragte der Träumer.

»Ach Träumer, ich glaube, das weißt du selbst ganz genau. Ich bin hier, weil du einen Entschluss gefasst hast, und ich werde dir helfen, vorausgesetzt du lässt dir helfen.«

Nachdenklich schaute der Träumer zu Boden. Die *Hoffnung* kannte seinen Entschluss. Woher nur?

»Ja, ich weiß davon, ich weiß vieles über dich, und ich sage es dir geradeheraus: Mit diesem Entschluss bin nicht einverstanden, junger Mann. Ich bin nicht damit einverstanden, dass du deine Träume einfach aufgeben willst.«

»Aber, aber, was soll ich denn machen? Ich habe den Glauben verloren, dass sich meine Träume erfüllen können.«

»Bevor es so weit ist, lass dir Folgendes erzählen: An jedem Abend, an dem du am Fenster gestanden und in den Nachthimmel geblickt hast, da hast du mir, ohne es zu wissen, all deine Gedanken und Wünsche offenbart. Ich war immer mit dir. Hast du es schon wieder vergessen, was ich dir gesagt habe, Träumer? Ich bin deine *Hoffnung*.« Ihre Augen bekamen einen ernsten Ausdruck. »Ich werde dir jetzt helfen, deinen Entschluss, mich und deine Träume aufzugeben, zu überdenken«. Sie berührte ihn so sanft wie ein Sternenschweif, der in der unendlichen Milchstraße des Universums dahinschwebt, sanft wie eine Feder, die man vor sich herpustet.

Jetzt begriff der Träumer alles. Die *Hoffnung* erkannte in seinem Gesicht, dass er wusste, was sie meinte. Viel zu lange hatte er seine Gefühle unterdrückt. Dicke Tränen kullerten ihm übers Gesicht und rollten seine Wangen hinunter. Dabei schluchzte er: »Liebe

Hoffnung, ich habe doch alles versucht. Ich weiß mir nicht mehr zu helfen.«

»Ich weiß«, sagte die *Hoffnung*. »Es ist oftmals ein langer, steiniger Weg, bis man das Richtige für sich selbst findet. Aber willst du wirklich alles aufgeben, was du in dein Buch geschrieben hast, in dein Traumbuch? Möchtest du nicht mehr die Welt kennenlernen? Du möchtest also nicht mehr die höchsten Berge erklimmen? Du möchtest nicht mehr tun, was dein Herz dir sagt? Es ist dein Leben, dein einziges und allein deines. Die Menschen, die dich umgeben, lieben dich oder nicht, egal was du tun wirst. Das alles wird dir aber nicht helfen, wenn du dabei deine Wünsche aus den Augen verlierst. Denk darüber nach – du allein bist für deinen Lebensweg verantwortlich! Und du bist derjenige, der sich selbst lieben muss.«

So hatte es der Träumer bisher noch nicht gesehen. Er war völlig durcheinander. Ganz fest umklammerte er sein Traumbuch. Seine Augen füllten sich wieder mit Tränen. Was sollte er tun? Was hatte er zu verlieren?

»Ich möchte nicht mehr, dass alle über mich lachen«, sagte er schließlich. »Ich will nicht der sein, der anders ist, will nicht mehr belächelt werden wegen meiner ständigen Träumerei und Spinnerei, Fragerei und Grübelei. Ich will auch nicht mehr alles hinterfragen und überlegen. Es wird nichts anderes für mich geben, grau in grau, so ist das Leben eben«, schluchzte er.

Die *Hoffnung* atmete tief durch. »Wenn es wirklich das ist, was du willst, dann werde ich wieder verschwinden. Doch nur unter einer Bedingung: Bevor du dich entscheidest, musst du mit mir auf eine Reise gehen. Am Ende dieser Reise wirst du dich entscheiden.«

»Auf eine Reise?« Mit großen Augen blickte der Träumer in das entschlossene, aber freundliche Gesicht der Frau.

»Ja, eine Reise! Denn wie ich schon sagte, manchmal muss man seinen Weg gehen, die Reise beginnt lange vor dem Aufbruch. Und vielleicht wirst du dann die Antwort auf all deine vielen Fragen finden, was du denn wirklich willst. Die Antwort liegt tief in dir selbst. Bist du damit einverstanden, mit mir zu kommen?«

Auch wenn der Träumer ein wenig Angst hatte, war noch nicht jeder Funke Hoffnung, der ihn antrieb, in seinem Inneren verflogen. Also stimmte er zu, mit der *Hoffnung* fortzugehen. »Ja, ich bin einverstanden«, antwortete er, und zum ersten Mal zeigte sich ein kurzes Strahlen in seinem Gesicht.

»Also gut, dann gib mir jetzt bitte dein Traumbuch.«

»Mein Buch?«

»Ja, denn es ist der Schlüssel, um die Reise zu beginnen. Vertrau mir und atme tief durch.« Die *Hoffnung* lächelte den Träumer liebevoll an, legte das Buch auf den Boden und schlug die erste Seite auf. »Wenn ich bis drei gezählt habe und dann mit den Fingern schnippe, atmest du noch einmal tief durch und springst mit mir in das Buch hinein, verstanden?«

»Ich soll in das Buch springen?«, fragte der Träumer ungläubig.

»Ja, vertrau mir einfach. Hab keine Angst, Träumer, und tu genau das, was ich dir gesagt habe. Also aufgepasst, gleich geht es los!« Die *Hoffnung* konzentrierte sich, schloss die Augen und begann zu zählen: »Eins, zwei, drei«, und dann schnippte sie mit den Fingern.

Der Träumer war riesig aufgeregt. Doch dann nahm er all seinen Mut zusammen, sog die Luft tief in seine Lungen, schloss die Augen und sprang mitten in das Buch hinein.

Im nächsten Moment wurde alles um ihn herum kunterbunt. Es war, als wirbelten all seine Gedanken um ihn herum. Er flog durch einen farbenprächtigen Strudel, der sich ständig um ihn drehte. Es fühlte sich an, als könnte er fliegen, und das mit einer enormen Geschwindigkeit, noch viel schneller, als der Wind je fliegen konnte.

Nach gefühlten Tausenden von Augenblicken, so genau wusste er es nicht mehr, wurde das Drehen langsamer und langsamer, bis der bunte Strudel zum Halten kam und der Träumer auf etwas sehr angenehm Weichem landete.

»Du darfst jetzt deine Augen wieder öffnen«, sagte die *Hoffnung.* Diese hatte der Träumer nämlich fest zusammengekniffen.

Nachdem er die Stimme der *Hoffnung* gehört hatte, blinzelte er also vorsichtig durch seine Lider.

Er befand sich auf einem grauen Feld nahe einem dunklen Wald. Hier hatte er zusammen mit Herrn und Frau Grau schon viel Zeit verbringen müssen.

Doch es war, als blickte er aus einer anderen Perspektive auf das Feld. Er rieb sich die Augen. Den Jungen dort unten kannte er doch. Genau, er selbst war dieser Junge. Was ging hier vor? Die Hände des Jungen waren schwarz und voller Erde. Der Junge kniete auf dem Acker und arbeitete. Sein Gesicht war voller Traurigkeit.

Dann erblickte er Herrn Grau, der mit einem strengen Auge auf ihn blickte. Ja, man muss sagen, beinahe herrschsüchtig.

Der Träumer fühlte, wie er innerlich zu zittern begann. Da war es wieder, dieses Gefühl, dieses unendlich schreckliche Gefühl, das er immer wieder hatte, das ihn glauben ließ, beinahe ertrinken zu müssen.

Noch in seinen Gedanken versunken, gefangen von diesem Gefühl, bemerkte er nicht, dass eine dunkle, schattenartige Gestalt langsam auf ihn zukam. Doch als der Druck, den sie ausstrahlte, immer stärker wurde, bemerkte er sie.

»*Hoffnung*, wer ist denn das?«, flüsterte er. Dabei fühlte er sich immer schlechter und kraftloser. Eine bittere Kälte breitete sich in seinen Adern aus und entzog ihm all seine Kraft.

Und dann stand das Wesen direkt vor ihm, pechschwarz wie Ruß. Es hatte eine Angst einflößende, dunkle Stimme.

»Darf ich mich vorstellen, ich bin die *Furcht*, deine *Furcht*. Du kennst mich sicherlich ebenso als Angst, Kummer oder Sorge. Ich zeige mich in vielerlei Formen, hier bin ich in die symbolische Gestalt von Herrn Grau geschlüpft. So siehst und spürst du mich besser.« Das schwarze Männchen verbeugte sich vor dem Träumer. »Ich bin dein ständiger Begleiter, und ich bin dieses Gefühl, das du immer und immer wieder verspürst. Merkst du, wie ich Besitz von dir ergreife?« Das kleine Männchen begann sogleich, laut zu lachen.

»Bitte, bitte, geh weg«, stammelte der Träumer, kam dabei ins Taumeln und wurde immer ängstlicher. Doch in seiner größten Verzweiflung, die ihn erfüllte, spürte er die warme Hand der *Hoffnung*, die sich sanft auf seine Schulter niederlegte.

»Du musst lernen, wie du deine Angst und Furcht besiegen kannst, Träumer«, sagte sie. »Nur dann wirst du dich wohler fühlen bei dem, was du machst. Die meisten sind nicht in der Lage, über Misserfolge hinwegzukommen. Deswegen tun sie sich so schwer darin, ihre Träume zu erfüllen. Sie haben zu viel Furcht davor. Nur wenn dich die Angst nicht beherrscht, kannst du sie nutzen und besser mit ihr umgehen. Weißt du, Träumer, es ist leicht, für etwas einzustehen, das kein Risiko birgt.«

»Ganz kannst du mich aber nicht besiegen«, mischte sich die *Furcht* ein. »Ich werde immer ein Stück deines Weges mit dir gehen!«

»Ist das wahr, *Hoffnung*?«, fragte der Träumer. Dieser Gedanke gefiel ihm nicht wirklich.

»Ja, das ist wahr, Träumer. Weißt du, die Furcht ist nicht so schlimm, wie du sie jetzt gerade empfindest. Ein bisschen gesunde Angst und Furcht ist nichts Schlechtes, sie kann dich auch schützen und vor Dummheiten bewahren. Oder was denkst du darüber, *Furcht*?«

Das kleine rußfarbene Männchen biss die Lippen zusammen und nickte trotzig.

Genau in diesem Moment verstand der Träumer, was die *Hoffnung* meinte, und die *Furcht* erschien ihm auch nicht mehr so fürchterlich. Das dunkle, angsterfüllte Gefühl, das ihn in Beschlag genommen hatte, wurde immer schwächer.

»Du musst dich nur konzentrieren«, sagte die *Hoffnung*. »Schau dir genau an, was hier geschieht, und dann mache dir bewusst, warum dich dieses Gefühl überkommt. Versuche anschließend, es zu überwinden, indem du dir etwas Wunderschönes vorstellst. Dann fühlst du dich auch in der größten Stunde der Furcht nicht alleine.«

Der Träumer dachte nach. Wie viel Freude hatte es ihm gebracht, zu träumen und sich in all seinen wunderbaren Gedanken zu verlieren. Auf einmal war das schlimme Gefühl nicht mehr ganz so machtvoll wie vorher, es wurde weniger, immer weniger und war bald verschwunden. Sein Herz war wieder von wohliger Wärme und Herzlichkeit umgeben.

»Siehst du, Träumer, es ist doch nicht so schwer. Du hast es ganz alleine in der Hand, deine Gefühle zu kontrollieren. Denn die Furcht ist nicht der einzige Begleiter, der dir ab und zu das Leben schwer machen möchte. Sie ist auch umgeben von der Unsicherheit und den Zweifeln, von der Angst und der Unruhe. Es gibt so viele Facetten der Furcht. Wenn du das alles weißt, wirst du verstehen, dass du selbst es bist, der diese schlechten Gedanken zulässt. Davon kannst du dich trennen. Lass dich von der Furcht und all deinen Unsicherheiten nicht kontrollieren. Egal wovor du Angst hast, es gibt immer ein Licht, das für dich leuchtet, wenn du nur den Glauben nicht verlierst, den Glauben an dich selbst. Hier drinnen, in deinem Buch, ist so viel von dir, und unsere Reise hat gerade erst begonnen. Ich versuche, es dir nach und nach zu zeigen. Aber jetzt musst du deine Augen wieder schließen, Träumer. Unsere Reise geht weiter.«

Und nun wiederholte die *Hoffnung* das Geschehene, sie begann abermals zu zählen. Dann gab es wieder einen großen Knall, nachdem die *Hoffnung* mit den Fingern geschnippt hatte. Und ...

»Öffne deine Augen.«

Vor dem Träumer befand sich eine bunte Kiste. Diese war riesengroß und bis oben hin voll mit vielen kleinen bunten Zetteln.

»Siehst du das, Träumer? Das sind all deine Wünsche, Träume und Ideen. Jeder Mensch hat viele unterschiedliche davon, und hier ist deine Kiste. Alles, was du jemals in deinem Kopf hattest, wurde hier abgelegt.« Die *Hoffnung* sah ihn mit einem geheimnisvollen Blick an. »Diese Kiste ist sehr wertvoll. Und glaube mir, nicht jeder Mensch kann von sich behaupten, dass seine Kiste so groß, so bunt und so voll mit diesen kleinen bunten Zetteln ist wie deine.«

»Wirklich?« Erstaunt betrachtete der Träumer die vielen Zettel.

»Siehst du auch die dunklen Zettel, die in deiner Kiste liegen?«, fragte die *Hoffnung*. »Das sind sogenannte traurige Wünsche, vergessene Wünsche. Jedes Mal, wenn du einen deiner Wünsche oder eines deiner Ziele aufgibst oder sie verlierst, wird der dazugehörige Wunschzettel dunkel. Er verschwindet nicht sofort, aber er wird schwarz, und mit der Zeit wird er ganz und gar verbleichen und endgültig vergehen.«

Der Träumer blickte in die Kiste und konnte erkennen, was die *Hoffnung* ihm gerade zu erklären versucht hatte. Er sah, dass einige der Zettel bereits schwarz waren.

Jetzt verstand er. All das hatte mit seinem Entschluss zu tun, seine Wünsche und Träume aufgeben zu wollen. Und jetzt konnte er sehen, welchen Preis er dafür bezahlen musste.

»Wenn man keine Wünsche mehr hat, Träumer, wird man mit der Zeit leer, und die Gedanken im Kopf werden dunkel. Es ist, als würde man stehen bleiben und sich nicht mehr bewegen«, erklärte die *Hoffnung*.

Was sie sagte, machte den Träumer sehr nachdenklich.

»Komm mit«, forderte die *Hoffnung* ihn auf, »ich möchte dich gerne mit einigen meiner besten Freunde bekannt machen.«

Der Träumer war schon sehr gespannt, was alles noch auf ihn zukommen würde, und folgte der *Hoffnung*. Er blickte umher und bemerkte, wie sich die Umgebung auf einmal wie von Zauberhand veränderte.

Wenig später standen sie vor einem geheimnisvollen Haus. Es war kein gewöhnliches Haus, das konnte man gleich auf den ersten Blick erkennen. Gestrichen war es in den buntesten Farben, in Gelb, Rot, Blau, Pink und Grün. Es sah nicht gerade aus wie die Häuser, die er aus seiner Stadt kannte. Dieses Haus war unförmig und mit kleinen schiefen, verwinkelten Türmchen gebaut. Das Dach sah aus wie ein Sahnehäubchen, und die Tür war verbogen wie ein fröhlicher Mund. Es wirkte fast so, als lächelte das Haus. Da standen sie nun davor, und der Träumer wartete schon gespannt, was wohl als Nächstes geschehen würde.

Die *Hoffnung* klopfte an die Tür und wartete einen Moment.

»Ich komme, einen Augenblick noch!«

Aus dem Inneren des Hauses hörte man es rumpeln und krachen. Es hörte nicht mehr auf zu scheppern, und mit einem letzten Knall und einem riesigen Gepolter öffnete sich die große bunte Tür.

Eine farbenfrohe Gestalt stand mitten im Türrahmen, und ein Lächeln nahm ihr ganzes Gesicht ein. »Oh, hallo *Hoffnung*, das freut mich aber, dass du mich mal wieder besuchst.« Man konnte dieser bunten Gestalt dort in der Tür ihre herzliche Freude richtig ansehen. »Wen hast du mir denn da mitgebracht?« Von oben bis unten musterte sie den Träumer. »Ah, ich weiß schon, wer das ist.« Sie zwinkerte der *Hoffnung* verschmitzt zu. »Na, kommt doch erst mal rein, und entschuldigt bitte das Chaos. Ich bin am Umräumen, Abräumen und Entrümpeln, eben einfach am Rumrumpeln.« Sie lachte und kicherte gleichzeitig. »Aber erst mal will ich mich dir vorstellen, Träumer. Ich bin die *Freude*.«

Das spürte der Träumer, und er wusste nicht, wann er das letzte Mal so eine heitere Stimmung empfunden hatte.

Die *Freude* bemerkte, dass der Träumer in seinen Gedanken versunken war, und stupste ihn an. »Wir haben uns lange nicht mehr gesehen, nicht wahr?« Wieder lachte sie.

Ihr Lachen war so ansteckend, dass der Träumer nicht anders konnte, als aus heiterem Himmel loszuprusten. Es kam einfach so über ihn. Da stand er nun und wusste nicht, warum er so fröhlich war, aber er wusste, dass er dieses Gefühl seit langer Zeit sehr vermisst hatte.

»Na, dann setzt euch erst mal, ich mach uns ein Teechen. Oder wollt ihr was anderes? Aber ich sage immer: Ein Teechen heilt alle Wehwehchen.« Wieder lächelte die *Freude* breit über das ganze Gesicht.

»Ja danke, gerne«, antwortete der Träumer. Auch die *Hoffnung* bat um einen Tee.

Bald hörte man es wieder rumpeln und knallen, diesmal aus der Küche. Nach einem nochmaligen Krachen und Scheppern stand die *Freude* mit einer großen bunten Kanne Tee vor ihnen und stellte sie auf den Tisch.

»Ah, wartet, ich hab noch was ganz Wichtiges vergessen.« Sie ging in die Küche zurück und kam mit drei Tassen und einem Teller voller bunter Kekse zurück. Noch nie hatte der Träumer so viele wunderschöne bunte Kekse gesehen, blaue, gelbe, rote und grüne. Wie die wohl schmeckten?

»Wartet, ich schenke euch beiden erst mal ein.«

Der Tee duftete herrlich. Ein Aroma aus verschiedenen Früchten, Gebäck, Vanille und Kirschblüte erfüllte den ganzen Raum. Das allein schon machte den Träumer noch fröhlicher. Er fühlte sich pudelwohl, nahm einen großen Schluck aus seiner Tasse und spürte sofort, wie die Wärme ihn durchflutete. Es war eine so unbeschreibliche Kraft, die ihn in diesem Augenblick ergriff, dass er nicht mehr aufhören konnte zu lächeln.

»Das ist ein Freudentee«, sagte die *Freude*, als sie das Dauergrinsen des Träumers bemerkte. »Ein Schluck, und du vergisst alle Sorgen. Und mal unter uns, ich und die *Sorge* – oder besser gesagt die *Furcht* – sind ohnehin nicht die besten Freunde. Bestimmt hast du sie schon kennengelernt, die *Furcht*, oder?«

»Ja, das habe ich, ein schauriger Geselle«, antwortete der Träumer und schüttelte sich. Dann grinste er. »Aber eigentlich ist die *Furcht* gar nicht so schlimm.«

»Also, Träumer, nun sag mal, warum willst du denn aufhören, fröhlich zu sein?« Sogar die

Freude schaffte es, bei dieser Frage ernst dreinzublicken.

Da schämte sich der Träumer. »Nein, aber nein, das möchte ich doch nicht! Ich möchte nur einfach ganz und gar normal sein.«

»Normal?«, gluckste die *Freude*. »Was soll denn das sein? Also, davon habe ich noch nie etwas gehört.« Sie nahm einen Schluck Tee und lächelte dem Träumer zu. »Sieh mal, lieber Träumer, es gibt nichts Normales auf der Welt. Die Grenzen werden einem vorgegeben, oder man steckt sie sich selbst. Aber es gibt keine Vorschriften, in denen steht, was normal ist und was nicht. Niemand hat für dich zu bestimmen, was richtig und falsch ist. Warum solltest du aufgeben, Freude für etwas zu empfinden, das dich glücklich macht, nur weil es andere als nicht gut oder nicht normal empfinden?«

»Genau!«, hörte er auf einmal rufen.

Die *Freude* zwinkerte. »Ah, meine Freunde sind da, warte einen Augenblick.«

Und ehe der Träumer sich versah, saßen plötzlich noch zwei weitere lustige Gesellen am Tisch, so als wären sie zuvor unsichtbar gewesen. Eine verrückt aussehende Frau mit langen, wuscheligen grünen Haaren und ein kleiner bunter, dicker Mann. Sein ganzer Körper war irgendwie rund, vielleicht auch irgendwie eckig, nichts passte richtig zusammen, alles wirkte konfus und durcheinander.

»Darf ich vorstellen: meine beste Freundin, die *Spinnerei.* Darf ich dir etwas anvertrauen, Träumer? Ohne sie könnte ich gar nicht so fröhlich sein. Mit ihr an meiner Seite bekomme ich die schönsten Flausen im Kopf. Mit ihr kann ich noch mehr lachen.«

Da räusperte sich das kleine bunte, dicke Männchen, das aber so freundlich wirkte, dass man ihn sofort mochte.

»Ah, entschuldige«, beeilte sich die *Freude* zu sagen, »natürlich darf ich nicht vergessen, dir meinen guten und langjährigen Freund, den *Humor*, vorzustellen, auch bekannt als *Spaß*. Ach, es gibt so viele Wort für ihn. Wir leben hier gemeinsam im Chaos und haben die schönsten und lustigsten Abenteuer zusammen erlebt. Ich möchte keinen von beiden missen.«

»Danke, danke, ich werde fast ein bisschen rot«, hörte man es laut und deutlich durch den Raum hallen. Und es wirkte ein klein wenig so, als hätte sich das Haus bewegt. Hatte nicht soeben die Wand gesprochen? Konnte man in ihr nicht deutlich den Umriss eines Gesichts erkennen?

»Das Haus kann sprechen!«, rief der Träumer und konnte seine Verwunderung nicht verbergen.

»Ganz recht, das Haus kann sprechen«, sagte eine Stimme. Die Wand lächelte, und es sah so aus, als hätte sie ein breites Grinsen in einem Gesicht. »Ich bin das *Abenteuer*, mit mir wird es niemals langweilig. Wir leben hier alle zusammen unter einem Dach, weißt du, alles fügt sich immer wieder zusammen: *Freude*, *Spinnerin*, *Humor* und *Abenteuer*, vermixt mit einer kleinen Prise Chaos. All das gehört zusammen. So kann man gemeinsam lachen, Spaß haben und die schönsten Dinge erleben.«

»Es ist wichtig, sich selbst nicht zu ernst zu nehmen«, sagte der *Humor* und kicherte.

»Zumindest hat man viel mehr Spaß, und das Leben soll doch Spaß machen, oder?«, fragte die *Freude*.

Die *Spinnerei* schüttelte ihr grasgrünes, verwuscheltes Haar. »Genau, stellt euch nur mal vor, alles im Leben wäre nur ernst und vor allem ›normal‹, wie du so schön sagst.«

»Wie langweilig wäre das denn alles? Da würde ich mich grau fühlen und gar nicht so schön bunt«, stimmte der *Humor* der *Spinnerei* zu. »Wie sollten wir dann alle leben können? Denn auch wenn du es jetzt nicht glauben willst, wir brauchen doch Menschen wie dich, Träumer. All das würde sonst keinen Sinn ergeben.«

Alle zusammen lächelten den Träumer an.

»Die Freude ist eine wichtige Eigenschaft, die wir alle zum Leben brauchen«, sagte die *Hoffnung*. »Und es gibt so vieles, woran man sich erfreuen kann. Kleinigkeiten, die das Leben schöner machen und auch leichter.«

»Das hast du schön gesagt«, stimmten alle zusammen im Chor ein.

»Danke, lasst uns darauf ein Teechen trinken.«

Und alle hoben ihre bunten Tassen in die Luft.

»Jetzt kommt der entscheidende Teil für dich, lieber Träumer«, sprach die *Freude*. »Ich denke, du hast die vielen bunten Kekse hier auf dem Tisch gesehen? Nun darfst du selbst entscheiden, wie deine Reise weitergeht. Wähle selbst aus, wohin dich dein Weg führen soll!«

»Ich soll selbst wählen?«, fragte der Träumer ganz aufgeregt. »Eigentlich gefällt es mir bei euch so gut, dass ich gar nicht mehr gehen möchte. Es ist so schön lustig mit euch.«

»Wir finden es auch schön mit dir«, antworteten alle zusammen, »aber es liegt jetzt an dir, du musst eine Entscheidung treffen. Deine Reise ist noch nicht zu Ende. Du wirst sehen, du wirst uns nicht verlieren, Träumer.«

Unsicher betrachtete der Träumer die bunten Kekse. Auf jedem Keks stand etwas anderes. Auf dem einen *Traurigkeit*, *Zweifel* oder *Unsicherheit*, auf dem anderen *Ehrlichkeit* und auf einem nächsten *Herrschsucht*. Es gab auch einige mit *Liebe*, dem *Leben* und der *Entscheidung*.

Die *Hoffnung* griff nach dem Keks mit der *Entscheidung* und legte ihn beiseite.

»Diesen Keks darfst du noch nicht auswählen«, erklärte die *Freude*, »hierfür musst du erst bereit sein. Die Zeit wird kommen, die Zeit für deine Entscheidung. Los, schließe deine Augen und wähle, mein Freund.«

Der *Humor* lachte. »Wir wünschen dir viel Spaß!«

»Ja, und viel Freude«, fügte die *Spinnerei* kichernd hinzu. »Sobald du den ersten Bissen im Mund hast, werden wir verschwinden, und deine Reise geht weiter. Vergiss uns aber niemals!«

Der Träumer überlegte nicht lange und griff in den Korb. Als er die Augen wieder öffnete, hielt er einen dunkelblauen Keks in der Hand.

»Jetzt musst du in den Keks beißen«, bat die *Hoffnung*. »Wir beide sehen uns dann gleich wieder.«

Der Träumer schloss abermals seine Augen und biss in den dunkelblauen Keks. Schnell begann sich wieder alles um ihn herum zu drehen.

Aus der Ferne hörte er seine neu gewonnenen Freunde noch zum Abschied rufen: »Auf Wiedersehen, viel Spaß, und pass auf dich auf, Träumer!«

Dann konnte er nichts mehr erkennen.

Langsam stieg Kälte in seinem Körper hoch. Je schneller sich der Strudel drehte, desto kälter wurde ihm.

Als der Strudel plötzlich zum Stillstand kam, öffnete der Träumer unsicher die Augen. Er stand vor einem großen Baum, einer Trauerweide, deren Zweige schlaff auf den Boden hingen. Es war bitterkalt.

Der Träumer war sich auf einmal nicht mehr so sicher, ob er richtig gewählt hatte. Doch jetzt konnte er nichts mehr daran ändern. Er spürte eine große Trauer und rieb seine Hände aneinander, um sich zu wärmen. Seine Zähne klapperten vor Kälte.

Unter dem Baum sah er eine Gestalt sitzen. Zögernd trat er näher heran. Seine Blicke suchten fast verzweifelt die *Hoffnung*. Hatte er sie verloren, war sie etwa gar nicht hier?

Doch die *Hoffnung* war immer in seiner Nähe. Er hatte sie nur nicht bemerkt, da sie etwas abseits hinter ihm stand und ihn beobachtete.

Unter dem Baum saß ein Mädchen mit langen schwarzen Haaren. Sie wurde vom Mondschein beleuchtet. Die eisige Kälte schien ihr nichts auszumachen, obwohl sie nur ein weißes Nachthemd trug. Sie zupfte an einer Blume herum und murmelte etwas vor sich hin, das der Träumer nicht verstand. Am Glanz ihrer Augen konnte er erkennen, dass sie geweint hatte.

»Hallo«, sagte der Träumer vorsichtig und ging einen Schritt auf sie zu. »Was ist denn mit dir los?« Sein Gesicht zeigte deutlich, wie besorgt er war.

»Eigentlich nichts«, schniefte das Mädchen. »Mir geht es nur eben nicht gut.« Ihre Stimme klang zittrig und unendlich traurig. Es wirkte fast so, als würde sie die gesamte Last der Welt allein auf ihren Schultern tragen.

»Ich fühle mich so traurig, so schwermütig und niedergeschlagen«, sagte sie leise, »ich kann es gar nicht beschreiben. Es gibt keinen Tag, an dem ich nicht trübsinnig bin. Auch dich mache ich immer traurig, ich kenne dich, kleiner Träumer. Ach, ist das nicht alles so unendlich schlimm, so trist?«

Dann spürte es der Träumer. Zum ersten Mal fühlte er, dass er sich nicht so traurig fühlte wie das Mädchen. So wollte er sich auch nicht fühlen. Nicht einfach so, nicht immer.

Je mehr er daran dachte und das Mädchen sah, das doch so unglücklich wirkte, umso mehr begann er zu verstehen, was ihm die *Hoffnung* zu erklären versucht hatte.

Und er spürte noch etwas: Niemals wollte er auch nur annähernd so werden wie die immer betrübte Frau Grau.

Dank der *Hoffnung* wusste er jetzt, dass es so unendlich viele tolle Dinge gab. Das hatte er nicht vergessen. Er hatte die *Freude*, die *Spinnerei* und den *Humor* nicht vergessen. Er dachte an Frau Grau, die das beste Beispiel für Traurigkeit war. Daran, dass sie immer viel weinte und stets unglücklich war. In diesem Moment verstand er, dass es nicht seine Schuld war. Ihm wurde klar, dass er deswegen selbst nicht mehr traurig sein musste.

Dann trat die *Hoffnung* vor den Träumer. »Weißt du, Träumer, ich wollte dir dieses Bild zeigen, damit du endlich erkennst, dass du, wenn du dich von der Traurigkeit beherrschen lässt, nicht mehr unterscheiden kannst, was wirklich schmerzt und traurig ist. Dann bist du ständig betrübt, und alles wird für dich zu einer Belastung. Doch wenn du dagegen ankämpfst, aus eigener Kraft, dann kannst du die Traurigkeit umwandeln und daraus lernen«, erklärte sie.

Der Träumer blickte der *Hoffnung* in die Augen.

Sie fuhr fort: »Das soll aber nicht heißen, dass wir immer fröhlich sein können im Leben. Neues zu entdecken wird uns nicht nur Glück und Erkenntnis bringen. Aber wie sollen wir lernen, das Glück wertzuschätzen, wenn wir nicht wissen, was Kummer und Schmerz ist? Die Herausforderung liegt darin, die eigenen Grenzen zu überwinden und weiter zu gehen, als man es sich jemals erträumt hätte.« Die *Hoffnung* nickte. »Ich merke, dass du jetzt langsam zu verstehen beginnst. Lass uns gehen, ich bringe dich weg von hier.«

Die *Hoffnung* ergriff die Hand des Träumers, und mit einem großen Satz sprangen sie auf und davon und ließen die *Traurigkeit* allein zurück.

Nach einigen Sekundenbruchteilen kamen sie auf einer verträumten, bunten Lichtung an, auf der die Blumen in den wunderschönsten und kräftigsten Farben blühten: rote Rosen, Veilchen, Primeln, Rhododendren und Gänseblümchen. Es gab keine Blume, die an diesem schönen Ort nicht blühte. Die Wiesen waren grün und saftig, und es gab unzählig viele bunte Schmetterlinge, Zitronenfalter, Libellen und Grashüpfer. Die schönsten und buntesten Vogelarten flogen umher oder sprangen durch die Wiesen. Es fühlte sich an wie im Paradies, wie in einem nie enden wollenden schönen Traum. Die Sonne strahlte, und es war herrlich warm. Alles an diesem Ort war wie verzaubert und sehr friedvoll.

Diese Harmonie wirkte ansteckend, und es legte sich eine große Freude und Zufriedenheit in das Herz des Träumers. Ihm war, als hörte er ein Singen in seinen Ohren.

Langsam verschwanden endgültig seine negativen Gedanken, die Angst und seine Unsicherheit. Er begann, dieses Gefühl der Freude und der Freiheit in sich aufzusaugen. Seine Gedanken waren nicht mehr überschattet von Traurigkeit. Sein Herz hatte sich wieder gefüllt mit Liebe und strahlendem Licht, es hatte sich endlich geöffnet. Er nahm die Schönheit, die ihn umgab, wieder wahr. Hier lebten das Leben und die Liebe.

»Lieber Träumer«, sprach die *Hoffnung*, »ich denke, wir sind jetzt am Ende unserer Reise angekommen. Dies ist unsere letzte gemeinsame Station. Hier wird sich alles entscheiden. Spürst du hier das Leben? Kannst du es fühlen? Die *Wärme* und – was besonders wichtig ist – die *Liebe*. Beide sind ein ständiger Begleiter in unserem Leben zusammen mit der Zeit. Die Zeit, die wir nutzen, um das Beste aus unserem Leben zu machen. Wir wissen alle, dass sie begrenzt ist.«

Sie zeigte auf einen wunderschönen, riesigen Baum. »Siehst du diesen Baum? Er steht für den Atem des Lebens. Seine Früchte sind die Liebe und das Glück. Ich habe dir jetzt alle Gefühlswelten des Lebens gezeigt. Du hast nun viele verschiedene Seiten kennengelernt. Du hast die *Furcht* erlebt, die dich immer und immer wieder begleitet hat, außerdem die *Traurigkeit*, meine verrückten Freunde im Haus, die *Freude*, die *Spinnerei*, den *Humor* und das *Abenteuer*. Im Leben wird nicht immer die Sonne scheinen. Doch sie ist nur so lange verschwunden, wie du es zulässt. Ich habe dich besucht, weil du mich, die *Hoffnung*, aufgeben wolltest, weil du für dich beschlossen hattest, mich zu vergessen. Jetzt kennst du das Abenteuerland des Lebens.«

Die *Hoffnung* lächelte. »Träume bedeuten so vieles – auch harte Arbeit. Denk daran, kleiner Träumer. Gerade dann, wenn du aufgeben willst, glaub daran, wer du bist, und denk an deinen Traum. Du allein kannst dich jetzt entscheiden, ob du bereit bist für dein Leben, deine Träume, dein Abenteuer, deine Spinnereien, deinen eigenen Weg, deine eigenen Entscheidungen und deine Reise. Hier an dieser Lichtung werden sich unsere Wege trennen. Wie du weitergehst, was du in der Zukunft tust, liegt an dir selbst. Ich kann nur weiter für dich da sein oder nicht, so wie du es zulässt! Nur ein kleines Geschenk habe ich noch für dich.«

Sie schnippte mit den Fingern, und das Traumbuch erschien. Als sie es dem Träumer reichte, griff er mit pochendem Herzen danach und hielt es fest an sich gedrückt.

Er ließ seinen Blick über die leuchtende Lichtung schweifen und ging in seinem Kopf alles noch einmal durch.

Er hatte nun so viel gesehen.

Die *Hoffnung* hatte ihm die Augen und sein Herz geöffnet. Sein Entschluss stand fest. Er hatte Angst gehabt, furchtbare Angst, und er war verunsichert und traurig gewesen. Er hatte sich nach Liebe gesehnt und hatte vergessen, dass Liebe einfach da ist, dass sie keine Bedingungen stellt, um ihr zu gefallen. Er hatte schon fast die *Hoffnung* verloren gehabt, doch jetzt ...

»Es wird Zeit«, flüsterte die *Hoffnung*. Der Träumer nickte.

»Lass dir aber noch eines mit auf den Weg geben: Du allein hast es immer in der Hand, wie du dein Leben gestalten willst. Du allein bist für dein Glück verantwortlich, niemand sonst! Wenn du an dich glaubst, kannst du alles schaffen, um deine Träume und Wünsche zu erfüllen. Es ist deine Zeit ...«

Sie strich dem Träumer noch einmal über das Haar. Voller Wärme sah sie ihn an und umarmte ihn mit ihrem Blick.

Dann gab es wieder einen kleinen Knall, ein zaghaftes Puffen, und ehe der Träumer sich versah, hatte sich die *Hoffnung* in eine kleine gelbe Biene verwandelt. Fröhlich summte sie von Blume zu Blume. Der Träumer beobachtete sie eine Weile, ehe sie im nächsten Moment zu einem strahlend gelben Schmetterling wurde. Mit sanftem Flügelschlag flog sie in Richtung des blauen Himmels, mit dem sie Sekunden später verschmolz.

Ganz alleine blieb der Träumer an diesem herrlichen Ort zurück. Er drückte sein Buch fest an sich, und dann begann er, auf den Weg zuzulaufen, auf das geheime Tor des Lebens. Dort angekommen schloss er die Augen und atmete noch einmal ganz tief ein. Dann wurde es dunkel.

Als er seine Augen wieder öffnete, war er zurück irgendwo im Nirgendwo von Schwarzweiß. Dort, wo er vor Jahren das erste Mal aufgetaucht war. Dort, wo alles begonnen hatte. In seiner Hand hielt er fest umschlungen das bunte, leuchtende Traumbuch.

Neugierig versammelten sich die Bewohner der Stadt um ihn herum.

»Da ist er wieder«, hörte er eine Stimme sagen.

»Der Träumer«, tuschelte ein anderer.

»Was hast du denn da in der Hand, Träumer? Es sieht so anders aus, so hell.« Ein kleines Mädchen kam auf ihn zu und zeigte auf das Buch.

»Das ist mein Traumbuch. Darin habe ich all meine Wünsche und Träume niedergeschrieben, deswegen leuchtet es so schön. Wie alles hier in der Stadt, ihr könnt es nur nicht sehen, weil ihr vor langer Zeit aufgehört habt zu träumen.« Der Träumer zeigte auf eine gelbe Blume, die vor seinen Füßen wuchs. Eine Biene hatte darauf Platz genommen. »Diese Blume zum Beispiel ist gelb, so hell wie die Sonne. Und die Biene darauf ist so voller Leben.«

Ein Raunen ging durch die Bewohner der Stadt.

»Aber sie ist grau!«, rief Herr Grau.

»Vielleicht kann er es nur sehen, weil er anders ist als wir«, meinte ein anderer.

»Nein, ich bin nichts Besonderes, ihr könnt das genauso wie ich. Es gibt nur einfach Dinge, die man mit den Augen nicht richtig sehen kann. Man muss zuerst das Herz öffnen, um die wahre Schönheit zu erkennen.«

Und dann erzählte der Träumer seine Geschichte, erzählte den Bewohnern der Stadt von der Reise mit der *Hoffnung*. Er berichtete von der *Freude*, der *Traurigkeit* und all dem, was er erlebt hatte.

»Wisst ihr, wir müssen natürlich alle dafür sorgen, leben zu können, wir haben Pflichten, und daran ist nichts Falsches. Solange wir nicht vergessen, dass wir deswegen nicht aufhören müssen zu träumen. Es ist niemals zu spät, um noch einmal auf Reisen zu gehen.«

»Zeig uns, wie man das macht«, rief einer der Umherstehenden.

»Das könnt ihr nur selbst. Öffnet euer Herz für die Wunder um uns herum, sie helfen uns, die Träume wahr werden zu lassen.«

Und dann passierte es.

Zuerst war es das Mädchen, das erkannte, dass die Blume gelb war, dann rief ein anderer, dass die Wiese saftig und grün sei.

Und selbst Herr und Frau Grau erkannten die Weite des blauen Himmels.

Mit einem Mal hatte sich etwas verändert in Schwarzweiß. Überall, wohin man blickte, leuchteten die Farben. Sie waren lebendig geworden.

In den Herzen der Menschen war es nicht mehr grau. Die *Hoffnung* flog wie der Wind durch den Ort und tummelte sich in jedem Winkel, summte wie die Bienen und war sanft wie eine Katze.

Endlich hatten die Menschen begriffen und wieder Zeit zum Leben gefunden. Sie wussten nun endlich, wie man träumt. Der Träumer hatte die *Hoffnung* in ihnen wieder geweckt.

So wie die *Hoffnung* den Glauben in ihm wiedererweckt hatte.

»Grau in grau, so ist das Leben eben«, hatten die Bewohner all die Jahre gesagt.

Ja, so ist das Leben. Jetzt wusste der Träumer endlich, was dieser Satz, den er immer und immer wieder zu hören bekommen hatte, wirklich bedeutete. Das Leben kann nur das sein, was man selbst daraus macht. Es ist nicht nur Glück und Freude allein, das Leben ist manchmal voll von Furcht. Das Leben ist nicht immer einfach, es ist voller Abenteuer und entsteht jeden Tag aufs Neue. Es verändert sich.

Es gibt nur dieses eine Leben für jeden Menschen, und es ist immer das Leben, das der Mensch selbst gestaltet und zulässt.

Der Träumer wusste jetzt, dass alle diese Gefühle dazugehörten.

Als der Träumer am selben Abend zurück in seinem Zimmer war, entdeckte er sie. Da stand sie, die Kiste, die er auf seiner Reise gesehen hatte. Seine eigene Wunschkiste. Er zögerte keinen Moment, sie zu öffnen. Jetzt war sie bis zum Rand vollgepackt mit bunten

Zetteln. Die dunklen Zettel waren verschwunden …

Noch am selben Tag packte er seine Sachen und machte sich auf die große Reise. Auf die Reise seines Lebens. Er setzte die Segel …

Leinen los!

ENDE

Nachwort

Dieses kleine Märchen habe ich im Jahr 2010 geschrieben. Damals war ich hochschwanger, und mir ist der kleine Träumer eingefallen, der sich so anders gefühlt hat, so voller Wünsche war und drauf und dran war, die Hoffnung zu verlieren. Ich habe mich an den Schreibtisch gesetzt und einfach drauflosgeschrieben.

Ich glaube, dass es uns allen ab und an wie dem kleinen Träumer geht. Wir stecken fest im grauen Grau.

Und deshalb sollten wir uns daran erinnern, dass uns, egal wie dunkel es auch scheinen mag, immer ein kleines Licht der Hoffnung begleitet, das unsere Welt bunt machen kann. Dass wir keine Angst haben müssen, sondern sie nutzen können. Dass Träume wahr werden können und dass es so viel

Freude und Zauber um uns herum gibt. Jeden Tag.

Das wirkliche Geheimnis eines glücklichen Lebens liegt darin, dass wir lernen zu unterscheiden, was wirklich wichtig ist. Dass wir auch mal durchatmen müssen, um zu uns selbst zu finden.

Das Leben ist so schnell geworden und steckt so voller Möglichkeiten, die wir nur nutzen müssen. Natürlich geht es nicht jedem gut, und jeder hat auch seinen Rucksack zu tragen, doch es gibt immer einen Weg. Und es kommt die Zeit im Leben, wo uns nichts anderes bleibt, als uns zu entscheiden. Eine Zeit, in der man für seine Überzeugungen eintreten muss.

Wir haben gerade in der Zeit der größten Verzweiflung die Chance, unser wahres Ich zu finden, denn genau dann, wenn wir nicht damit rechnen, bekommen wir die Antwort auf unsere Fragen. Dann finden wir unseren Hoffnungsstern, egal in welcher Form auch immer er sich uns zeigt. Wir werden ihn sehen, wir müssen nur auf unser Herz hören.

Liebe bedeutet manchmal auch, loslassen zu müssen. Enttäuschungen erlebt jeder von uns. Entscheidend ist das, was wir daraus machen. Denn gerade Kummer hilft uns dabei, das Glück schätzen zu lernen.

Die Welt die uns umgibt, ist voller Zauber und Wunder, die uns helfen, unsere Träume wahr werden zu lassen.

Und es wäre doch schade, wenn wir einfach unsere Träume aufgeben und akzeptieren, dass der Sinn des Lebens darin liegt, nur vor uns hinzuleben.

Wenn ich meine Kinder ansehe, wie sie die Welt sehen, so voller Neugier und Freude, dann frage ich mich manchmal, was uns davon abhält.

Kinder haben Träume, sie sehen die Dinge, die wir manchmal nicht mehr sehen: die Schönheit der Blumen, Steine, die Sonne, Kleinigkeiten. Sie machen unsere Welt bunter. Träume machen die Welt bunter.

Begebt euch auf die Traumreise eures Lebens. Genießt jede Kleinigkeit, jedes Wunder und den Zauber, der uns umgibt. All die blühenden Blumen, die große Liebe und die Erfüllung unserer Träume können wir erst dann spüren und riechen, wenn wir unseren eigenen Weg gehen und die Hindernisse, die sich auftun, annehmen. Denn sie sind es, die uns stark machen und auf Wege führen, die wir so vielleicht nie gegangen wären.

Verliert nie die Hoffnung, sie ist die größte Gabe, die wir besitzen.

Sascha Renier, ein befreundeter Singer und Songwriter, hat den wunderschönen Song »Leinen los« geschrieben, in dem er uns auffordert, unsere Träume nicht zu begraben, sondern aufzustehen, die Leinen der Vergangenheit zu lösen und in eine hoffnungsvolle Zukunft aufzubrechen. Diesen Song möchte ich euch gerne ans Herz legen.

Und jetzt Anker hoch und Leinen los für eure eigene bunte, traumhafte Reise!

Eure Michelle

Dankeschön ...

Danke euch unglaublich lieben Menschen, die ihr mich auf meiner Traumreise begleitet. Menschen, die mein Hoffnungsschimmer sind. Starke Menschen, die trotz Dunkelheit ihre Freude nicht verlieren.

Ihr erscheint mir in so vielen Formen, Bienchen, Katzen, Faultiere, Hunde, Koalas, Blumen oder auch in Form eines kleinen blauen Edelsteins ...

Schön, dass ihr immer da seid und mir leuchtet, wenn es auch mal dunkel wird. Ich hoffe, dass ich mit dieser Geschichte auch eure Herzen ein wenig erstrahlen lassen konnte. Verliert nie euren Stern, und falls doch, dann nehmt diese Geschichte zur Hand, und wir gehen zusammen auf die Suche ...

Sascha Renier: Leinen los

New-Romance-Pop von Sascha Renier aus den legendären Wisseloord Studios, in denen auch Rammstein, Peter Maffay und Police produzierten.
Von Bamberg nach Hamburg – heimatverbundene Weltoffenheit prägt seine Geschichte, Texte und Musik.
Der 26-jährige Sascha Renier verbindet mit seiner ersten Single die verborgene Sehnsucht nach Romantik mit dem Geradlinigen des Rock und Pop.
Eine hymnische Aufforderung, seine Träume nicht zu begraben, sondern aufzustehen, die Leinen der Vergangenheit zu lösen und in eine hoffnungsvolle Zukunft aufzubrechen.
Deutschsprachiger ***Retro-Pop***.

www.sascha-renier.de
www.facebook.com/Sascha.Renier.Musik

Booking und Konzertanfragen an:
Frau Katrin Römer, Maria-Ward-Str. 142, 96047 Bamberg
Mobil: 0170-5519816, booking@sascha-renier.de

Eine Geschichte von Träumen, Gefühlen, der großen Liebe und längst vergessenen Wünschen

Als Lena nach fünf Jahren wieder auf Robin trifft, kommen längst vergessene Gefühle in Bewegung. Eingeholt von der Vergangenheit erleben die beiden einen unvergesslichen Abend. Und plötzlich, für eine Nacht, sind sie wieder siebzehn. Erinnerungen, Wünsche und Sehnsüchte werden wach ...
Aber was kann daraus entstehen? Und was passiert, wenn du mit einem Mal alles in Frage stellst?
Ein Buch über Freundschaft, Träume und den Zauber der Erinnerungen. Über das Gefühl, wenn du irgendwann zurückdenkst und spürst, dass etwas fehlt. Ein Gefühl, als stündest du unter einem halbblauen Himmel ...

Michelle Schrenk
Unter halbblauem Himmel
Mit Songs des Singers und Songwriters Gabriel Strack
Roman
Canim-Verlag, Nürnberg
ISBN 978-3-942790-07-9
Bei Amazon erhältlich

Erkunde die sagenhafte Stadt Nürnberg

Abenteuerliche, geheimnisvolle Geschichten aus und über Nürnberg. Das geheimnisvolle Nürnberg Buch ist ein Mix aus spannenden Geschichten der traditionellen Stadt Nürnberg, gerührt mit alten Sagen, die neu und kinderfreundlich erzählt werden. Dazu eine Prise Abenteuer und ein Schuss Märchen und Fantasie. Natürlich darf der Spaß auch nicht fehlen.

Ein geheimnisvolles, altes Buch ist lebendig geworden. Das Lesen hat es zum Leben erweckt und mit ihm all seine verzauberten Stadtfreunde. So erzählt das Buch dem mutigen Finder und Leser, den es selbst Abenteurer nennt, viel Neues aus der Nürnberger Stadtgeschichte.

Michelle Schrenk
Das geheimnisvolle Nürnberg Buch
Illustrationen von Mel Bartholomä-Mühle
Canim-Verlag, Nürnberg
ISBN 978-3-942790-01-7
Im Buchhandel und bei Amazon erhältlich

Die Reise geht weiter – noch mehr Geheimnisse!

Das geheimnisvolle Nürnberg-Fürth Buch ist ein Wiedersehen mit Uri, dem Burggespenst und dem Dürerhasen. Neue lustige Abenteuer mit dem Nachdgieger, Grischberla und Baula, der Pegnitzpiratin. Neu hinzugekommen ist die Ratte Konratz und Cordula die Spinne. Als Abenteurer erfährt man vieles über den letzten Henker von Nürnberg und entdeckt nicht nur die Stadt Nürnberg sondern auch die Stadt Fürth.

Das Buch ist eine Hommage an die beiden Städte. Zauberhafte Illustrationen mit wirklichen und fantastischen Geschichten machen Lust auf mehr.

Michelle Schrenk
Das geheimnisvolle Nürnberg-Fürth Buch
Illustrationen von Mel Bartholomä-Mühle
Canim-Verlag, Nürnberg
ISBN 978-3-942790-02-4
Im Buchhandel und bei Amazon erhältlich

Ein fantastisches Abenteuer in der magischen Welt der Monde

Fantastischer Lesespaß! Taucht ein in eine sagenhafte Welt und erlebt ein magisches Abenteuer! Was ist das Geheimnis von Jerrys Großvater Joseph? Warum erzählt er ständig von Mondbolden und anderen komischen Wesen? Und wer hat die rätselhaften Briefe geschrieben? Als der elfjährige Jerry Simpel schließlich ein unglaubliches Geheimnis erfährt, ist das erst der Anfang einer bedeutenden Aufgabe. Ein Geburtstag, der keiner ist, eine alte sagenumwobene Geschichte, eine Hexe und ein Rätsel stürzen ihn in ein ungeheuerliches Abenteuer – in die magische Welt der Monde, in der die Geschichten für immer leben …

Michelle Schrenk
Die Geheimnisse des Lebkuchenmondes
Illustrationen von Mel Bartholomä-Mühle und Michelle Schrenk
Canim-Verlag, Nürnberg
ISBN 978-3-942790-03-1
Bei Amazon erhältlich